PUEBLOS
ESPECTRALES

por Joyce Markovics

Consultora: Ursula Bielski
Escritora e investigadora de fenómenos paranormales
Fundadora de Chicago Hauntings, Inc.

BEARPORT
PUBLISHING

New York, New York

Créditos

Cubierta, Kim Jones; TOC, © Stan de Haas Photography/Shutterstock, © carlosobriganti/Shutterstock, and © SCOTTCHAN/Shutterstock; 4–5, © Atmosphere1/Shutterstock and © Mariusz S. Jurgielewicz/Shutterstock; 6, © Lukas Gojda/Shutterstock; 7, © Carver Mostardi/Alamy; 7TR, © ZUMA Press, Inc./Alamy; 8L, © James Schaedig/Alamy and © andras_csontos/Shutterstock; 8R, © Taylor Hinton/iStock; 9, © ZUMA Press, Inc./Alamy; 10–11, © Rob Crandall/Shutterstock; 11TL, Public Domain; 11TR, © Smit/Shutterstock; 12L, © Zack Frank/Shutterstock; 12R, © Photo #557, Bud Moore Papers, Archives and Special Collections, Mansfield Library, University of Montana-Missoula; 13, © Konstantin32/Dreamstime; 14, © North Wind Picture Archives/Alamy; 15, © Alan J Jones/Alamy; 16, © Universal History Archive/UIG/Bridgeman Images; 17, © Captblack76/Shutterstock; 18, W.N. Manning/Public Domain; 19, © Stephen Saks Photography/Alamy; 20–21, © vitmore/Shutterstock; 23, © Steven Castro/Shutterstock.

Director editorial: Kenn Goin
Editora: Joyce Tavolacci
Traductora: Eida Del Risco
Editora de español: Queta Fernandez
Director creativo: Spencer Brinker
Investigador de fotografía: Thomas Persano
Cubierta: Kim Jones

Datos de catalogación de la Biblioteca del Congreso

Names: Markovics, Joyce L., author. | Del Risco, Eida, translator.
Title: Pueblos espectrales / por Joyce Markovics.Other titles: Ghostly towns. Spanish
Description: Nueva York, Nueva York : Bearport Publishing, 2018. | Series: De puntillas en lugares escalofriantes | Includes bibliographical references and index. | Audience: Ages 5–8.
Identifiers: LCCN 2017011838 (print) | LCCN 2017017212 (ebook) | ISBN 9781684023967 (ebook) | ISBN 9781684023875 (library)
Subjects: LCSH: Ghost towns—Juvenile literature. | Haunted places—Juvenile literature.
Classification: LCC BF1461 (ebook) | LCC BF1461 .M357518 2018 (print) | DDC 133.1/22—dc23
LC record available at https://lccn.loc.gov/2017011838

Para más información, escriba a Bearport Publishing Company, Inc., 45 West 21st Street, Suite 3B, New York, New York 10010. Impreso en los Estados Unidos de América.

10 9 8 7 6 5 4 3 2 1

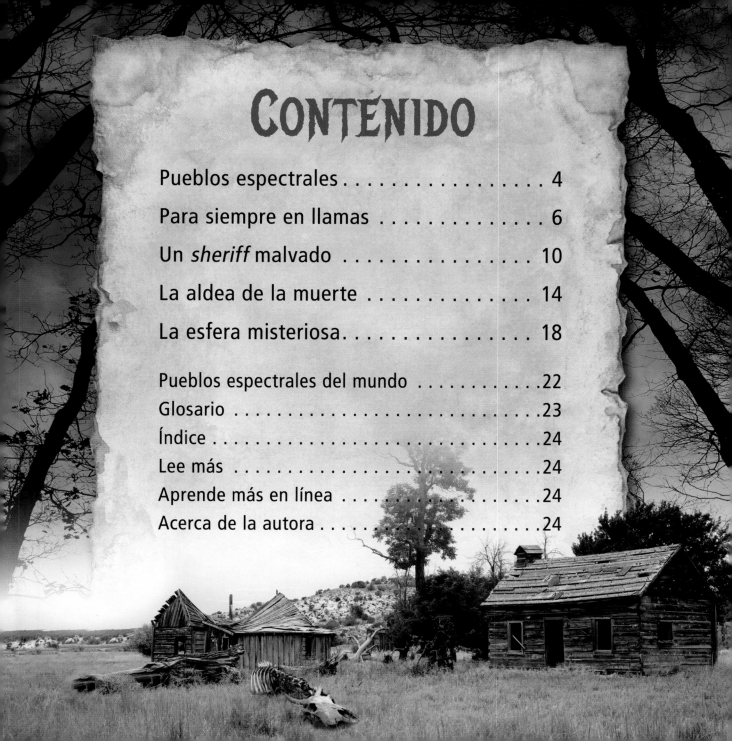

CONTENIDO

PUEBLOS ESPECTRALES

Ves edificios derruidos tragados por la maleza. Fragmentos de vidrio sobresalen por las ventanas vacías. El viento levanta una nube de polvo. No hay un alma a la vista. Entonces, ¿por qué sientes como si alguien te vigilara? ¿Podría alguien (o algo) estar viviendo en este pueblo misterioso olvidado por el tiempo?

Prepárate para leer cuatro historias espeluznantes acerca de pueblos fantasmales. Pasa la página… ¡si te atreves!

Para siempre en llamas

Centralia, Pensilvania

Centralia fue en un tiempo un concurrido pueblo minero. Ahora está silencioso y **desierto**. ¿Por qué? Un fuego misterioso ha estado ardiendo allí durante cincuenta años.

En 1962, se produjo un incendio en el basurero del pueblo. El fuego se extendió silenciosamente debajo de la tierra, provocando que el carbón de las minas cercanas estallara en llamas.

Una carretera abandonada en Centralia, Pensilvania

Una casa vacía en Centralia

7

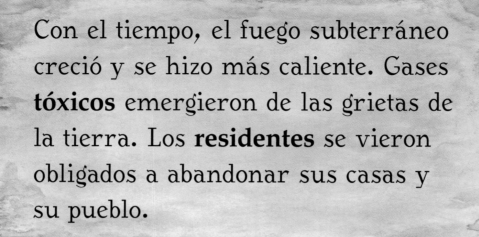

Con el tiempo, el fuego subterráneo creció y se hizo más caliente. Gases **tóxicos** emergieron de las grietas de la tierra. Los **residentes** se vieron obligados a abandonar sus casas y su pueblo.

ADVERTENCIA – PELIGRO

Fuego subterráneo en las minas

Caminar o manejar en esta área puede resultar en serios daños o la muerte.

Hay gases peligrosos.

Hay propensión a hundimientos de tierra.

Territorio Autónomo de Pensilvania
Departamento de protección del medio ambiente

El fuego hizo que se abriera un enorme **socavón** en el pueblo, que casi se traga a un niño pequeño.

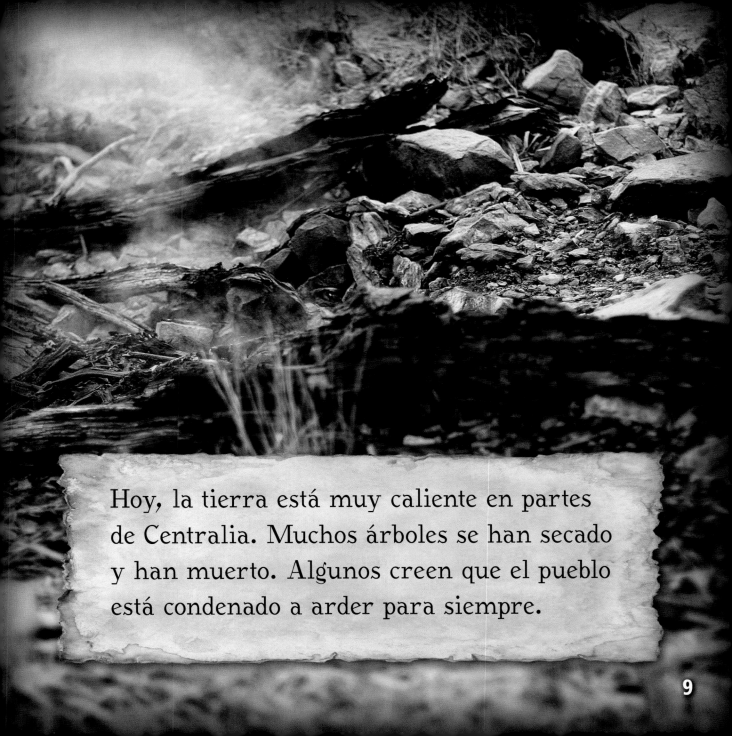

Hoy, la tierra está muy caliente en partes de Centralia. Muchos árboles se han secado y han muerto. Algunos creen que el pueblo está condenado a arder para siempre.

Un SHERIFF MALVADO

Bannack, Montana

Se dice que un espíritu inquieto frecuenta el pueblo **abandonado** de Bannack. ¿Podría ser el fantasma del **infame** *sheriff* del pueblo?

En 1862, se encontró oro cerca de Bannack. El descubrimiento atrajo a miles de personas... y una ola de delitos. Para luchar contra el crimen, los pobladores eligieron a un nuevo *sheriff*, Henry Plummer. Desafortunadamente, él tenía un pasado secreto funesto.

¡Antes de ser *sheriff*, Henry Plummer había estado preso por asesinato!

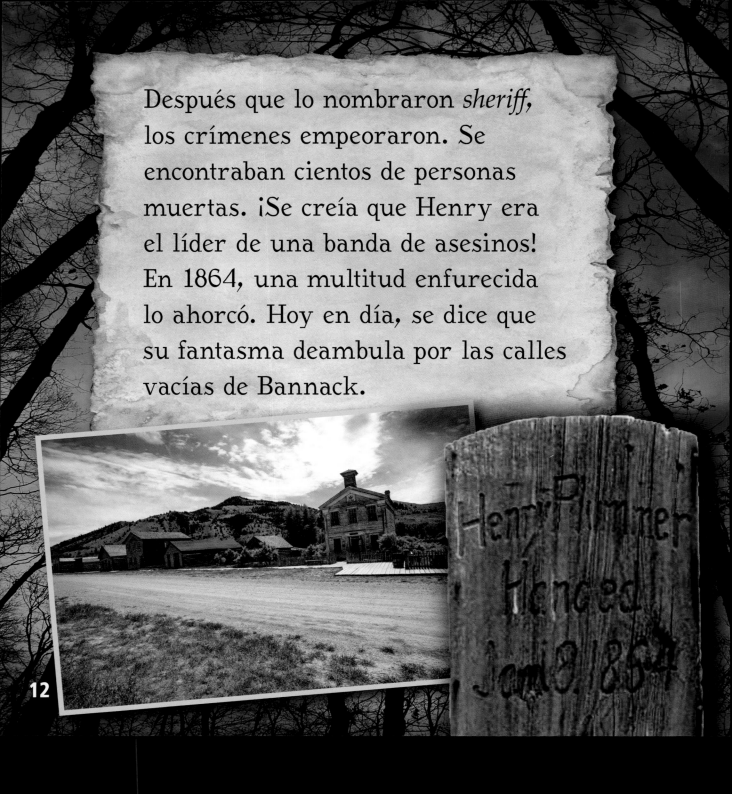

Después que lo nombraron *sheriff*, los crímenes empeoraron. Se encontraban cientos de personas muertas. ¡Se creía que Henry era el líder de una banda de asesinos! En 1864, una multitud enfurecida lo ahorcó. Hoy en día, se dice que su fantasma deambula por las calles vacías de Bannack.

La aldea de la muerte

Llanellen, Gales

En el siglo XVII, un barco se hundió frente a las costas de Gales. Casi toda la tripulación murió en las aguas heladas. Sin embargo, unos pocos sobrevivieron. Fueron rescatados por los pobladores de Llanellen.

La ruinas de una vieja granja en Llanellen

15

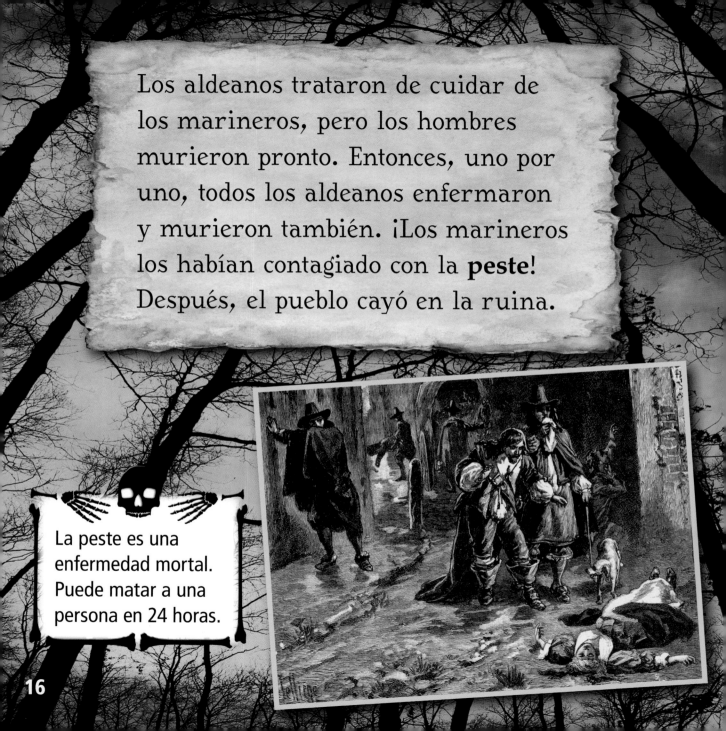

Los aldeanos trataron de cuidar de los marineros, pero los hombres murieron pronto. Entonces, uno por uno, todos los aldeanos enfermaron y murieron también. ¡Los marineros los habían contagiado con la **peste**! Después, el pueblo cayó en la ruina.

La peste es una enfermedad mortal. Puede matar a una persona en 24 horas.

En noches de tormenta
cerca de Llanellen, se
ha visto a una mujer
de blanco sollozando.
Tal vez llora por todos
los que murieron.

La esfera misteriosa

Old Cahawba, Alabama

Old Cahawba fue la **capital** de Alabama. Ahora es el pueblo fantasma más famoso del Sur. Muchas personas han visto allí cosas extrañas... cosas que no tienen explicación.

Una vieja iglesia en Cahawba

Una casa deteriorada en el misterioso pueblo

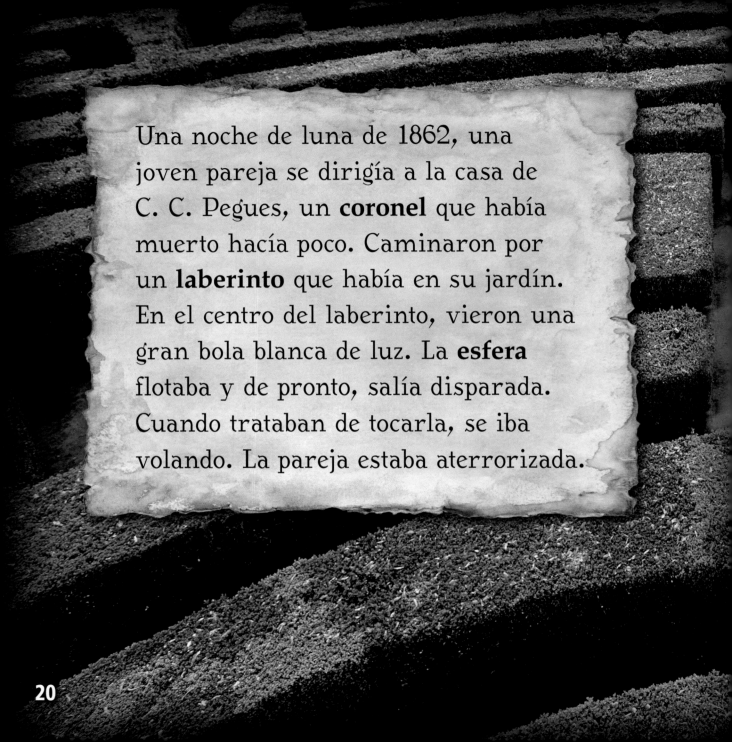

Una noche de luna de 1862, una joven pareja se dirigía a la casa de C. C. Pegues, un **coronel** que había muerto hacía poco. Caminaron por un **laberinto** que había en su jardín. En el centro del laberinto, vieron una gran bola blanca de luz. La **esfera** flotaba y de pronto, salía disparada. Cuando trataban de tocarla, se iba volando. La pareja estaba aterrorizada.

Desde esa noche, muchos han dicho haber visto la misma esfera. ¿Podría tratarse del espíritu perdido del coronel Pegues?

En el pueblo han caído cientos de rayos. Algunos dicen que es la maldición de Cahawba.

Pueblos espectrales
del mundo

BANNACK, MONTANA

Entérate de la siniestra historia de este pueblo minero embrujado.

CENTRALIA, PENSILVANIA

¡Mira este misterioso pueblo que está en llamas para siempre!

OLD CAHAWBA, ALABAMA

Ven a ver una esfera bailarina y un pueblo olvidado por el tiempo.

LLANELLEN, GALES

¡Visita una vieja aldea acosada por la muerte!

océano Ártico

AMÉRICA DEL NORTE

EUROPA

ASIA

océano Atlántico

ÁFRICA

océano Pacífico

océano Pacífico

AMÉRICA DEL SUR

océano Índico

océano Atlántico

AUSTRALIA

océano Antártico

ANTÁRTIDA

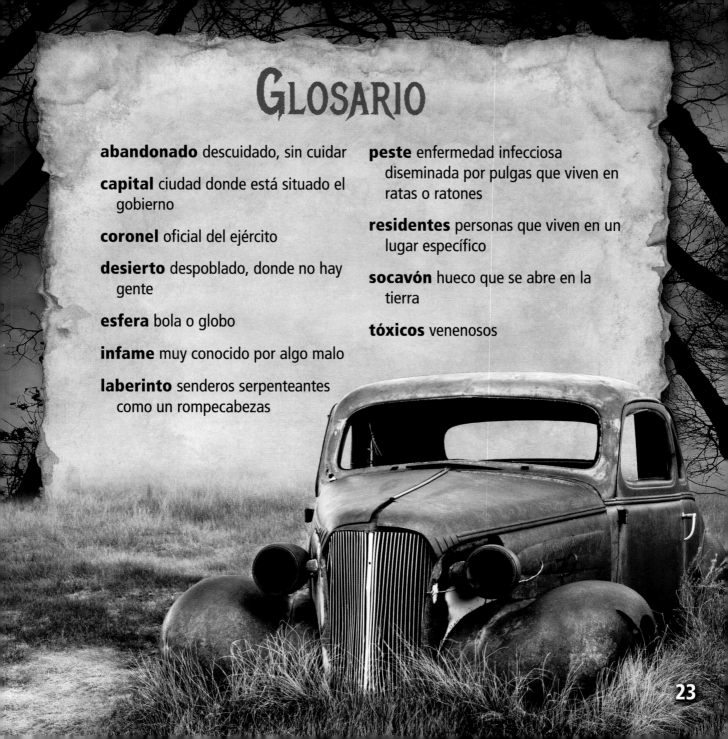

GLOSARIO

abandonado descuidado, sin cuidar

capital ciudad donde está situado el gobierno

coronel oficial del ejército

desierto despoblado, donde no hay gente

esfera bola o globo

infame muy conocido por algo malo

laberinto senderos serpenteantes como un rompecabezas

peste enfermedad infecciosa diseminada por pulgas que viven en ratas o ratones

residentes personas que viven en un lugar específico

socavón hueco que se abre en la tierra

tóxicos venenosos

Índice

Lee más

Blake, Kevin. *Bodie: The Town That Belongs to Ghosts (Abandoned! Towns Without People).* Nueva York: Bearport (2015).

Teitelbaum, Michael. *Terror at the Ghost Town Mine (Cold Whispers).* Nueva York: Bearport (2016).

Aprende más en línea

Para aprender más sobre pueblos fantasmales, visita:
www.bearportpublishing.com/Tiptoe

Acerca de la autora

La escritora Joyce Markovics vive en una casa de 160 años. Es probable que allí también vivan seres sobrenaturales.